Johanna Strasser-Lötsch

Die Botschaft der Liebe buchstabieren

Johanna Strasser-Lötsch

Die Botschaft der Liebe buchstabieren

Predigten zum Thema caritas und zu sozialen Fragen

Fromm Verlag

Impressum / Imprint
Bibliografische Information der Deutschen Nationalbibliothek: Die Deutsche Nationalbibliothek verzeichnet diese Publikation in der Deutschen Nationalbibliografie; detaillierte bibliografische Daten sind im Internet über http://dnb.d-nb.de abrufbar.

Bibliographic information published by the Deutsche Nationalbibliothek: The Deutsche Nationalbibliothek lists this publication in the Deutsche Nationalbibliografie; detailed bibliographic data are available in the Internet at http://dnb.d-nb.de.

Verlag / Publisher:
Fromm Verlag
ist ein Imprint der / is a trademark of
AV Akademikerverlag GmbH & Co. KG
Heinrich-Böcking-Str. 6-8, 66121 Saarbrücken, Deutschland / Germany
Email: info@frommverlag.de

Herstellung: siehe letzte Seite /
Printed at: see last page
ISBN: 978-3-8416-0404-0

Inhalt

Zum Beginn: *caritas*&Liturgie

Die Botschaft des Gründonnerstags

1 Kor 11,23-26 (Vom Herrenmahl)
Joh 13,1-15 (Die Fußwaschung)

Ein Abend wie der, an den wir uns am Gründonnerstag erinnern, kommt in seiner ungeheuren Dichte in einem Menschenleben wohl nicht oft vor – ein Abend voll von inniger Verbundenheit und doch auch voll von Trauer, voll von Schmerz und Bitternis und zugleich voll von tiefer Freude, voll von Liebe und voll von Abschied.

Jesus ist das letzte Mal mit seinen Freunden und Vertrauten zusammen, sie feiern das Paschafest. Die Ahnung von den bevorstehenden Ereignissen, die Ahnung vom nahen Tod liegt schon in der Luft.

Von dieser letzten Begegnung, diesem letzten Zusammensein sind uns zwei Zeichen überliefert, die kostbar sind wie ein Vermächtnis, ein letzter Wille, ein letztes Geschenk an seine Jüngerinnen und Jünger – und das sind ja auch wir heute.

Die beiden Bibeltexte des heutigen Abends sprechen von diesen beiden Zeichen: dem Teilen von Brot und Wein und dem Liebesdienst der Fußwaschung. In beiden Zeichen verdichtet sich noch einmal das Leben Jesu, seine Botschaft, seine Bestimmung, was er für uns sein will und was wir weitertragen sollen.

Brot und Wein haben als eucharistische Zeichen in der Liturgie ihren zentralen Platz gefunden und sind so zum Kennzeichen für Christen und Christinnen über die Jahrhunderte hinweg geworden.

Das Zeichen der Fußwaschung hat keine so herausragende Bedeutung im kirchlichen Leben erhalten, obwohl diese Erzählung im Johannesevangelium genau *die* Stelle einnimmt, an der die anderen 3 Evangelisten vom Teilen des

Brotes und des Weines erzählen, also beim letzten Beisammensein zum festlichen Abendmahl.

Ich denke, es ist wichtig und richtig, beide Zeichen nebeneinander zu stellen und als Vermächtnis Jesu zu achten und ernst zu nehmen.

Die Fußwaschung wird gern als das Sakrament der Caritas bezeichnet, das Sakrament der Nächstenliebe, mit dem griechischen Wort ausgedrückt: der Diakonie. Sie drückt die Bereitschaft aus,

- sich niederzubücken und anderen Menschen dienstbar, hilfreich zu sein
- sich Menschen zuzuwenden, die scheinbar unter dem eigenen Status sind
- sich nicht zu gut dafür zu sein, sich die Hände schmutzig zu machen
- keine Scheu davor zu haben, mit dem Menschsein auch in seinen unansehnlichen, unvollkommenen, geringgeschätzten Seiten in Berührung zu kommen

Diesen Dienst hat Jesus an seinen Vertrauten vollzogen, einen Dienst, der als beschämende Drecksarbeit sonst höchstens Sklaven zugemutet wurde.

Es ist dabei höchst aufschlussreich, wie Jesus das Dienen vorlebt: Es ist kein sklavisches Dienen unter Zwang, kein Dienen in Unterwürfigkeit und Selbstverachtung, sondern ein Dienen in Freiheit und in Würde, ein Dienen in Kommunikation mit den Bedienten, ein Dienen in Liebe. Ein Sprichwort sagt: "Bücken kann sich nur jemand, der Rückgrat hat, alle anderen kriechen." Rückgrat-Haben und Dienen schließen einander *ein*, nicht aus. Auf diese Weise zu dienen, erhält die eigene Würde und die der andern. So vollzieht Jesus seinen Dienst an seinen Vertrauten – und als solche dürfen auch wir uns verstehen – achtungsvoll, liebevoll und voll zärtlicher Zuwendung und Nähe.

Jesus belässt es aber nicht bei seinem Dienst an uns, er nimmt seine Jüngerinnen und Jünger in die Pflicht: "Ich habe euch ein Zeichen gegeben, damit auch ihr so handelt, wie ich an euch gehandelt habe." Wir als christliche Gemeinschaft der Kirche und als einzelne Christen sind herausgefordert, diese Diakonie zu leben, Jesu *caritas* ein Stück weit zu unsern zu machen. Wir sind berufen, dem Leben der Menschen zu dienen, gerade dort, wo es angeschlagen, gebrochen, schwach und beschmutzt ist. "Eine Kirche, die nicht dient, dient zu nichts", hat Bischof Jacques Gaillot eines seiner Bücher betitelt und hat uns damit als Kirche sprachlich pointiert an das Sakrament der Fußwaschung erinnert. Es kommt mir vor, dass es genau dieses dienende Kirchenverständnis ist, das den ersten Eindruck von Papst Franziskus so positiv geprägt hat und ihn so glaubwürdig und hoffnunggebend erscheinen lässt.

Die beiden Zeichen des letzten Abendmahles gehören zusammen: das Teilen von Brot und Wein und der Liebesdienst der Fußwaschung. Beide setzen den Fluss von Empfangen und Geben in Gang: Wir empfangen den Liebesdienst Jesu an uns, anschaulich gemacht im Zeichen der Fußwaschung, und wir empfangen die heiligen Gaben Brot und Wein. Wir geben aber auch weiter, was uns geschenkt wird und versuchen im Alltag so zu handeln, wie Jesus an uns handelt.

Wie die beiden Zeichen zusammengehören, so gehören Liturgie und Caritas zusammen. Was uns in unserem Alltag begegnet, was uns auch bei unserem Dienst an den Menschen bewegt, das nehmen wir in die liturgische Feier mit. Wir können immer wieder zu dieser Kraftquelle zurückkehren, um zu feiern, dass Jesus sich zu uns bückt, um uns die Füße zu waschen, und dass er uns Brot und Wein als Nahrung für unser Leben reicht und damit sich selbst anbietet, - dir und mir, - als Freund, als Wegbegleiter, als jemand, auf dessen Liebe man bauen kann.

Impulse aus dem Neuen Testament

Alle wurden satt

Mk 6,30-44/ Lk 9,10-17/ Mt 14, 13-21/ Joh 6,1-15 (Das Speisungswunder)

Man kann sie gut verstehen, die Jünger und Jüngerinnen Jesu, dass sie in großer Sorge sind angesichts der vielen Leute am abgelegenen Ort. Man kann sie gut verstehen, dass sie ängstlich darauf drängen, die Leute wegzuschicken, wenn sie auf ihre lächerlichen 5 Brote und 2 Fische schauen – auf ihre knappen Ressourcen.

In dem Gefühl "Das reicht doch nicht! Es ist viel zu wenig!" können wir uns recht gut wiederfinden. Wenn sich auch die Szenerie heute äußerlich ganz anders darstellt, - das Würgegefühl der knappen Mittel begleitet sowohl unser Wirtschafts- als auch unser Alltagsleben:

- Die Zeit ist knapp. Wir leben unter dem Anspruch, Abläufe so ökonomisch und effizient zu gestalten, dass keine Leerläufe entstehen.
- Die Arbeitsplätze sind knapp. Arbeitsplätze sind teuer, sie müssen sich rechnen, sonst werden sie abgebaut.
- Geld ist knapp. Kaum jemanden hört man sagen: "Was ich verdiene und was mir zur Verfügung steht, das genügt; ich komme wunderbar rundum." Kaum jemand sagt: "In diesem Land lebt sich's gut, wir sind reich, wir haben mehr als wir brauchen und können etwas abgeben."

Da kommt Jesus daher mit seiner Gelassenheit und sagt: „Gebt ihnen zu essen; bringt her und teilt, was ihr habt!“

Er bringt eine ganz andere Sicht ins Spiel, eine Umkehrung des Blickwinkels. Vom ängstlichen Hinstarren auf das „Zuwenig“ richtet er den Blick in dankbarer, wertschätzender Weise auf das, was **da** ist, auf die 5 Brote und 2 Fische. Dieser andere Blick ist mit einem für Jesus charakteristischen Gestus verbunden: Er blickt zum Himmel auf – von dort kommt die Kraft zum Vertrauen, das die Angst besiegt.

Das Ergebnis kennen wir und verwundert uns doch immer wieder von Neuem: „Alle aßen und wurden satt." Das Wenige stellt sich als genug heraus, ja, nicht nur das - **Fülle** wird erfahrbar.

Könnte Jesu vertrauensvoller Blick auf das Vorhandene nicht auch heilsam sein für unsere Zeit – in der Politik, im Wirtschaftsleben und im Alltag? Mutet es nicht absurd an, wenn in den reichen Ländern Mitteleuropas so kräftig auf dem Klavier der Existenzängste gespielt wird? Haben wir nicht viel mehr Grund als Jesus damals, darauf zu vertrauen, dass genug für alle da ist? Könnten nicht gerade wir Christen und Christinnen uns darin einüben, gelassener mit den Gütern dieser Welt umzugehen – als Korrektiv zum Dogma der knappen Mittel, das uns gegenseitig zu Feinden macht?

Solche Übungsfelder könnten zum Beispiel darin bestehen,

- dass wir die Zeit, die wir haben, als Geschenk betrachten; nicht als knappe Ressource, die es vollzustopfen und auszunutzen gilt, sondern als Fülle, die uns ermöglicht, Aufgaben zu erfüllen und das Leben mit seinen Herausforderungen auszuloten,
- uns stark dafür zu machen, dass in den Betrieben Menschen eine Chance bekommen, die ein Handicap oder eine Behinderung haben und die langsamer und leistungsschwächer sind,
- dass Teilen und Geld-Spenden nicht als lästige Pflicht oder Unsinn abgetan werden, sondern dass es in aller Selbstverständlichkeit geschieht – wir steuern unsere "fünf Brote und zwei Fische" bei und machen damit einen ansteckenden Anfang.

Vielleicht ist gerade das ein wesentlicher Beitrag, den wir Christen und Christinnen heute in unsere Welt einbringen können: den verengten, ängstlichen Blick auf das "Zuwenig" ersetzen durch den dankbaren Blick auf die geschenkte Fülle, der auch ein Teilen in gelassenem Vertrauen ermöglicht.

richten, das dann und wann die Medizin zuwege bringt und dann und wann durch andere, unerklärliche Vorgänge eintritt, ein Ereignis, das viel seltener vorkommt, als wir uns das wünschen würden.

Lasst uns zunächst einmal die Vorgeschichte anschauen, also das, was uns Lukas erzählt, bevor der Diener des Hauptmanns von Karfanaum geheilt wird! Auch da tut sich allerhand Unglaubliches:

Mit Staunen können wir verfolgen, wie Lukas hier das Verhalten von zwei Personengruppen schildert, die von der damaligen allgemeinen Einschätzung her in starker Opposition, ja, Feindseligkeit zueinander gestanden sind: Ein römischer Hauptmann, ein Vertreter der Besatzungsmacht, ein Heide in den Augen der Juden, ein Ungläubiger, ein Gottferner wendet sich mit einer inständigen Bitte an Jesus. Und er bittet noch dazu die einige Vertreter der jüdisch-religiösen Elite um ihre Vermittlung, die darauf wiederum bereitwillig eingehen.

Beide Seiten durchbrechen damit gängige Feindbilder und Vorurteile, sprengen alles Erwartbare. Sie tun dies noch dazu nicht halbherzig – "Naja, wenn's gar nicht anders geht!" - auch nicht demonstrativ und mit einer missionarischen Geste – "Jetzt zeigen wir's einmal allen, wie toll wir sind!", sondern sie tun es einfach in großem Respekt voreinander. Auf der Seite der jüdischen Gruppe zeigt sich dieser Respekt, indem sie die Verdienste des Hauptmanns anerkennt und hervorhebt. Auf der Seite des römischen Hauptmanns zeigt sich dieser Respekt zum Beispiel darin, dass er die jüdischen Vorschriften achtet. - Er nimmt Rücksicht darauf, dass Jesus als Jude nicht das Haus eines Heiden betreten darf, ohne unrein zu werden. Diese Rücksicht steckt hinter den Worten "... ich bin es nicht wert, dass du mein Haus betrittst."

Wir können heute viel lernen aus dieser Begegnung zwischen zwei so gegensätzlich geprägten Personengruppen: für den Dialog zwischen verschiedenen Religionen, für die Begegnung mit Nichtglaubenden, für das Gespräch mit Andersdenkenden. Wo diese Kontakte von Respekt und Achtung geprägt sind, wo auch gegenseitig Rücksicht genommen wird auf religiöse Gebote, Tabus und Verhaltensvorschriften, da kann etwas Gutes und Heilvolles in Gang kommen.

Ein Mensch wird unerwartet gesund. Da ist noch etwas Erstaunliches im Vorfeld der wunderbaren Heilung. Der Hauptmann setzt sich für deinen Diener ein, der Chef engagiert sich mit großem Einsatz für seinen Untergebenen. Auch dieses Engagement passiert in dieser Erzählung nicht demonstrativ und marktschreierisch, sondern wie selbstverständlich, getragen von menschlichem Mitgefühl, von Achtung und Wertschätzung. Menschen verdienen Respekt und Mitgefühl nicht aufgrund von Rang und Namen, sondern einfach aufgrund ihres Menschseins. - Auch diese Botschaft hat heute noch Aktualität und Sprengkraft.

Ein Mensch wird unerwartet gesund. Ich möchte nicht verschweigen, dass uns dieses wunderbare Geschehen auch mit Fragen zurücklässt: "Gibt es solche Wunder nur in der Bibel? Was ist mit den Menschen, die nicht unerwartet gesund werden? Haben sie zu wenig Glauben, zuwenige Fürsprecher? Warum passieren solche Wunder so selten?"

Eine schlüssige Antwort darauf wird es wohl so leicht nicht geben. Es bleibt eine der größten Herausforderungen, ja, Anfechtungen unseres Glaubens, warum Gott manche unserer inständigsten Bitten nicht erhört und das erflehte Wunder ausbleibt.

Glauben enthält für mich immer ein großes "Dennoch".

Eine Jesuserinnerung wie diese Heilungsgeschichte vom Hauptmann und seinem Diener ist so eine "Dennoch-Geschichte". Sie lädt uns eine, den Glauben immer wieder neu zu wagen, den Anker des Vertrauens auf das Leben, auf Gott hin auszuwerfen. Sie lädt auch ein zum stellvertretenden Bitten, wie wir es in jedem Gottesdienst tun, wenn wir das Fürbittgebet sprechen.

Uns im Glauben, im Vertrauen zu verankern – dazu brauchen wir auch die andern, wir brauchen Mitglaubende, Mitvertrauende als Weggefährten im Glauben und stärkende Begleiter im Vertrauen.

Die österliche Botschaft – Ermutigung zum Aufbruch

Joh 21,1-14 (Die Erscheinung des Auferstandenen am See)

In diesen Tagen und Wochen nach Ostern nehmen uns die biblischen Texte, die wir hören, in eine Bewegung hinein, eine Bewegung, die die Jünger erfasst hat: Sie beginnen langsam zu begreifen, dass mit dem Tod Jesu nicht alles aus ist, dass aus dem Tod heraus Leben weitergeht, dass Jesus als Lebendiger mit ihnen ist.

Vielleicht wundern wir uns manchmal, wie schwerfällig die Jünger im Begreifen sind. Gerade bei der Erzählung vom reichen Fischfang ist es erstaunlich, wie nahe Erkennen und Nicht-Erkennen, Glaube und Unglaube beieinander liegen.

Vielleicht wundern wir uns weniger, wenn wir uns die vorausgehende Verzweiflung der Jünger Jesu vor Augen halten und unsere eigenen Erfahrungen mit hereinnehmen. Viele von uns kennen in der einen oder andern Form das Gefühl: Es geht nicht mehr weiter, ich seh keinen Weg mehr, irgendetwas in meinem Leben ist gebrochen und dunkel geworden. Es kann der Tod eines geliebten Menschen sein, der den Blick niedergeschlagen an den Boden heftet. Oder die schmerzvolle Entzweiung und Entfremdung von einem Menschen lässt zerbrochene Trümmer zurück. Oder eine schwere Krankheit legt sich wie ein Schatten über das Leben. Oder der Verlust des Arbeitsplatzes bringt die materiellen Grundfesten ins Wanken und das bittere Gefühl des Scheiterns stellt sich ein ... Sie werden vermutlich Ihre eigenen Dunkelheitserfahrungen dazustellen können. Ich denke, solche Erfahrungen ähneln denen, die die Jünger mit dem Tod Jesu gemacht haben.

Und genau in diese Verfasstheit hinein bahnt sich die Auferstehungsbotschaft, die Botschaft vom Leben ihren Weg. Wen wundert´s, dass so ein Umschwung Zeit braucht und Hürden und Umwege überwinden muss,. Aber schließlich ist die Begegnung mit dem lebendigen Jesus stark genug, dass der Glaube ans Leben und das Vertrauen in Gott wieder in ihrer Seele Fuß fassen können.

Bis in unsere Tage – und hoffentlich noch weit darüber hinaus – bahnt sich diese Botschaft ihren Weg: Die Verzweiflung, der Tod, die Dunkelheit ist nicht das letzte und endgültige Urteil über unser Leben, sondern es ist uns zugesagt, dass hinter diesen leidvollen Erfahrungen das Licht der Auferstehung leuchtet, das uns weiter gehen, weiter hoffen, weiter lieben lässt.

In der Begegnung mit dem Auferstandenen beginnen die Jünger aber auch zu begreifen, dass es jetzt an ihnen ist, Jesu Werk und liebende Botschaft fortleben zu lassen, dass sie es sind, die heilend und helfend die Liebe Gottes zu den Menschen spürbar machen sollen. Dieser Auftrag gilt bis heute: Wir Christen sollen und wollen den Menschen Lebenshoffnung weitergeben, gerade in den dunklen, ausweglos scheinenden Situationen ihres Lebens. Genau dort, wo Menschen in eine Sackgasse geraten sind, brauchen sie die begleitende Hilfe von Mitmenschen und brauchen sie die Zuversicht und die Zusage, dass trotz allem Scheitern, trotz allen Problemen aus ihrem Leben noch etwas werden kann.

Wir Christen feiern Sonntag für Sonntag diese Begegnung mit dem Auferstandenen und versuchen Woche für Woche, eine Ahnung von Ostern, die Hoffnung und das Vertrauen in unseren Alltag und in unsere Welt hinauszutragen.

Vom Ende her denken

Dan 12,1-3 (Von der Endzeit)
Mk 13,24-32 (Vom Kommen des Menschensohnes)

Die beiden Texte, die wir heute gehört haben, befassen sich mit dem Ende der Zeiten. Das Weltende hat von jeher die Menschen fasziniert und hat zu Spekulationen angeregt. Es sind in diesem Zusammenhang große Ängste geschürt worden und werden es noch heute.

Beide Bibeltexte entstammen einer bestimmten literarischen Tradition, sie gehören einer bestimmten literarischen Gattung an, der Gattung der apokalyptischen Texte, man könnte sie die Science-fiction-Texte der damaligen Zeit nennen. So wie heutige Science-fiction-Filme, wie "Star Trek" oder "Krieg der Sterne" wird die furchtbare und vielfältige Bedrohtheit der Welt vor Augen geführt. Kennzeichnend ist außerdem, dass am Ende ganz scharf in Gut und Böse getrennt wird. Die Guten, die Auserwählten werden gerettet, die Bösen gehen zugrunde.

Für die Menschen zur Zeit Jesu war das Thema auch deshalb so brisant, weil in dieser Zeit und in dieser Gegend eine Stimmung geherrscht hat, die das Ende der Welt als unmittelbar bevorstehend angenommen hat. Man hört das noch heraus, wenn's bei Markus heißt: "Diese Generation wird nicht vergehen, bis dies alles eintrifft."

Ich glaube, diese literarische und zeitbedingte Einordnung ist wichtig für das Verständnis dieser Bibelstellen, damit sie einerseits nicht verstören und damit sie uns andererseits nicht in die Kehle einer sektenhaften Siegesgewissheit kommen.

Interessant ist ja, was die biblischen Autoren daraus machen, wie sie sie einsetzen und mit der Botschaft Jesu verknüpfen:

Was sie uns sagen, ist einerseits: Ja, es gibt viel Unheil auf dieser Welt, es gibt die persönlichen und die globalen Katastrophen. Und wir brauchen nur die Nachrichten aufzudrehen, um das auch für unsere heutige Zeit bestätigen zu müssen. Es ist ernst und es ist angebracht, der Not, dem Unheil, der Bedrohung ins Auge zu sehen.

Was die biblischen Texte aber auch sagen, ist: Es gibt einen Weg hindurch. Nicht die Angst und der Schrecken haben das letzte Wort. Durch Unheil und Bedrohung hindurch leuchtet etwas Verlässliches, etwas Beständiges in all der Ungewissheit, etwas, woran man sich halten kann – es sind Jesu Worte, seine Botschaft von der Liebe und Nähe Gottes.

Zur Kirche gehört die Caritas als christliche Hilfsorganisation – und die hat viel mit Katastrophen zu tun, mit Hochwasserkatastrophen zum Beispiel, und mit persönlichen Katastrophen. Bei der christlichen *caritas* geht es aber nicht nur um die Caritas-Organisation, um die Hilfs-Profis in den Diözesen und in den Pfarren. Nein, *caritas* ist eine unabdingbare Dimension unseres Christseins, es meint die konkrete Nächstenliebe, die konkrete Hilfe – an dem Ort, wo ich gerade stehe.

Was können uns die heutigen Bibeltexte zu diesem Grundauftrag des Christseins sagen?

Ich denke, sie geben uns zwei Anregungen:

Sie ermutigen zum Hinschauen auf die Not, zum Wahrnehmen, wo jemand am Boden ist, ob es sich um eine materielle Notsituation oder eine seelische Not handelt, ob eine einzelne Person betroffen ist oder eine ganze Bevölkerungsgruppe.

Allerdings geht es mir oft so, dass mit dem Hinschauen oft auch ein Gefühl der Überforderung verbunden ist, das fast zur Lähmung führen kann. Für mich ist da immer der Gedanke wichtig, dass ich nicht alles allein machen kann und muss. Wenn sich das Sehen von Not und die tätige Hilfe auf viele Schultern verteilt, wenn eine größere Gemeinschaft trägt und hält, dann brauche ich nicht ohnmächtig zu resignieren, sondern kann das für mich Mögliche tun, ob's eine Spende ist, ein aufmerksames Zuhören, ein Besuch, ein hilfreicher Handgriff oder sonst etwas.

Was uns die Bibeltexte auch noch sagen können, ist die ungeheure Bedeutung der Hoffnung, der Zuversicht. Gerade in Notsituationen braucht es andere Menschen, die weiter sehen als man selbst. Man kann in den verschiedenen Katastrophen, die das Leben manchmal bereit hält, oft vor lauter Finsternis und Verzweiflung gar nichts mehr sehen. Auch dafür braucht es die Gemeinschaft, braucht es Menschen, die ein Licht neben einem hertragen, die die Hoffnung statt einem aufrecht erhalten, die eine größere Perspektive im Blick haben, als man sie selber hat.

Wo eine christliche Gemeinde lebt, soll der Dichter Friedrich Hölderlin recht haben, wenn er sagt: "Denn wo Gefahr ist, wächst das Rettende auch."

Eine neue Erde. Ein neues Gebot

Joh 13,31-35 (Das neue Gebot)

Offb 21,1-5a (Die neue Welt Gottes)

Viel ist in den beiden biblischen Texten von *Neuem* die Rede: vom neuen Jerusalem, vom neuen Himmel, von der neuen Erde und schließlich auch noch von einem neuen Gebot.

"Seht, ich mache alles neu", so hat's in der Lesung geheißen – Das ist eine große, gewaltige Ansage. Und sie steht nicht etwa im 1.Buch der Bibel, sie stammt nicht aus einer Schöpfungserzählung, in der das Neuwerden und Neumachen ein erwartbares Thema wäre, nein, vom neuen Himmel, von der neuen Erde wird im Buch der Offenbarung gesprochen, also in *dem* Teil der Bibel, der einen Ausblick auf das Letzte, auf das Letztendliche, Letztgültige versucht, der einen Blick wagt auf das, worauf alles hinausläuft. Und genau von dieser letzten Wirklichkeit wird gesagt, sie ist etwas Neues, Schönes, Heiles, Unversehrtes und Lebendiges.

Es tut manchmal gut, sich diesen Ausblick zusagen zu lassen und vor Augen zu halten, ihn durch die Alltagserfahrungen durchleuchten zu lassen, denn viele Erfahrungen des menschlichen Lebens sprechen eine andere Sprache: Sie sprechen von Mühsal und Verlust, von Last und Streit, auch von Leid und Tod. Die Verheißung des neuen Lebens, des neuen Himmels und der neuen Erde steht dazu in einer großen Spannung.

In diesen Bogen unseres Daseins, das sich ausspannt zwischen leidvollen Erfahrungen und der unstillbaren Sehnsucht nach Heil, hören wir *noch* von etwas Neuem. In der Evangeliumsstelle sagt Jesus: "Ein neues Gebot gebe ich euch: Liebt einander!"

Dieses neue Gebot, das Jesus beim Abschied seinen Jüngern als Vermächtnis hinterlässt, das kommt mir vor wie ein Weg, ein Richtungspfeil, der die erfahrbare Wirklichkeit mit all ihren Dunkelheiten und den hellen, strahlenden Ausblick verbindet. Die Liebe ist es, die das Alte überwindet und uns Kurs halten lässt auf das Neue und Heile hin, die immer wieder Schritte setzt in Richtung einer neuen Erde.

Wir brauchen uns nicht zu sorgen, wenn diese Schritte klein und unauffällig sind und nicht gleich *alles neu* machen – das *Alles* können wir ruhig Gott überlassen. Aber wir sind auf Kurs, auf dem Weg der Liebe

- wenn wir einen alten Streit, eine alte Feindseligkeit begraben und einander vergeben
- wenn wir einander Gutes tun, möglicherweise sogar denen, die uns nichts zurückgeben können
- oder wenn wir uns um Gerechtigkeit bemühen, selbst wenn wir dabei einen Nachteil riskieren
- oder wenn wir uns von uns selbst frei machen und unsere ungeteilte Aufmerksamkeit einem Menschen schenken, der uns gerade braucht

... Die Namen und Gesichter der Liebe sind vielfältig.

Nicht immer gehen uns diese Schritte leicht von der Hand, wir sind ja Teil dieser Welt, dieser alten Erde, hineinverwoben in Lebensfeindliches, Beängstigendes, Schuldhaftes. Gerade deshalb verdient auch das Gebot der Liebe die Bezeichnung "neues Gebot", denn es fordert uns immer wieder neu.

Das Gebot der Liebe hat auch noch einen 2. Teil: "Wie ich euch geliebt habe, so sollt ihr einander lieben." Sich geliebt wissen, sich einer größeren Liebe anvertrauen, daraus wächst die Möglichkeit und die Kraft zu lieben – sich selbst und die Mitmenschen. Dann können wir Altes und Lebensfeindliches immer wieder zurücklassen und auf eine neue Erde, einen neuen Himmel zusteuern.

Die Kunst des Helfens

Mk 2,1-12/ Lk 5,17-26 (Die Heilung eines Gelähmten)

Eine Heilungsgeschichte als Lehrstück für die Kunst des Helfens, als Modell für caritatives Handeln, ein Programm für caritative Organisationen? - Ja! Und das, obwohl mit keinem Wort "*caritas*" oder "Helfen" vorkommt.

Warum diese Erzählung dennoch von der Kunst des Helfens handelt, liegt eigentlich an den Nebenfiguren: an den Trägern, die den Gelähmten zu Jesus bringen.

Lassen wir die ganze Szene einmal mit Blick auf die Freunde ablaufen: Welch ein Glück, dass der gelähmte Mann solche Freunde hat! Sie sind sein einziges Fortbewegungsmittel. Wie oft werden sie ihn schon zusammengepackt, auf die Tragbahre gelegt und irgendwohin getragen haben? Zu wie vielen Ärzten und Wunderheilern werden sie ihn wohl schon gebracht haben? Und schließlich noch dieser Versuch – der Gang zu Jesus. Sie geben die Hoffnung nicht auf.

Aber nun stehen sie vor dem Haus und können vor lauter Andrang nicht hinein. Da hat einer die Idee, aufs Dach zu steigen und eine Öffnung darin auszubrechen. Man muss zugeben, das ist kühn! Kann man den Hausbesitzern das zumuten und antun? - Sie wagen es im Blick auf die Not ihres Freundes. Sie überlegen genau und holen Informationen ein, um die richtige Stelle zu erwischen. Sie müssen vorsichtig und umsichtig zu Werk gehen, damit niemand von den unten Stehenden verletzt wird und an den Rändern der Öffnung nichts nachbricht. Dann lassen sie ihn hinunter, gut austariert im Teamwork; keiner darf zu schnell sein, sonst kippt die Tragbahre und der gelähmte Freund fällt zu Boden.

Und dann passiert das, was nicht mehr in ihren Händen liegt: die Begegnung mit Jesus, die Heilung.

Nachdem sie gebannt von oben zugeschaut haben, werden sie vermutlich das Dach sorgfältig wieder in Ordnung gebracht haben, möglicherweise sogar dem Hausbesitzer Schadenersatz geleistet haben. Dann treten sie ab und verschwinden von der Bildfläche.

Ich denke, diese Art der Hilfe spricht tatsächlich von der Kunst des Helfens: Damals wie heute gibt es die gelähmten, die kranken Menschen; Menschen, die wegen ihrer körperlichen Gebrechen nicht mehr weiterkönnen und ihre alltäglichen Verrichtungen nicht allein bewältigen können.

Es gibt aber nicht nur die körperliche Lähmung. Viele Menschen sind gelähmt in ihrer Handlungsfähigkeit, stehen wie gelähmt da vor einem Schuldenberg, vor der drohenden Delogierung, vor ihren ungeordneten wirtschaftlichen Verhältnissen, vor ihren zerbrochenen Beziehungen, vor ihren gescheiterten Lebensträumen.

Damals wie heute geht es darum, Menschen in Notsituationen nicht hängen zu lassen, sie ein Stück weit zu begleiten und mitzutragen, mit ihnen zusammen weitere Schritte zu überlegen und auch die Hoffnung auf Heilung wachzuhalten. Wie in der Evangeliumsstelle stellen sich auch heute Hindernisse in den Weg, man trifft auf verstopfte Türen. Diese Hindernisse liegen manchmal bei den Betroffenen selbst, - sie sind vielleicht in ein undurchdringliches Gewirr von Beziehungen und verhängnisvollen Abhängigkeiten verwickelt. Verstopfte Türen begegnen aber auch in Form einer verständnislosen Umgebung, von schwer zugänglichen Behörden und unverständlichen Vorschriften, von Abweisung und dem Urteil "selber schuld!"

Immer wieder braucht es findige Ideen, viel Sorgfalt und Fingerspitzengefühl dafür, wo man ansetzen kann und wie die nächsten Schritte gestaltet werden können.

Was die Geschichte aber auch sehr eindrucksvoll zeigt, ist, dass der letzte Schritt des Heilwerdens auch ein innerer Vorgang ist. Den können auch die geschultesten, kunstfertigsten Helfer und Helferinnen nicht *machen*. Die innere Heilung und Versöhnung, die ein verwandeltes, aufrechtes Leben ermöglicht, hat immer auch mit einer Berührung durch Gott zu tun.

Liebe – eine Sache der Chemie?

Mk 12,28-31/ Mt 22,34-40/ Lk 10,25-28 (Das wichtigste Gebot)

Sie haben sicher schon öfters die Bemerkung gehört: „Da stimmt die Chemie“. Man sagt das, wenn zwischen zwei Menschen oder in einer Gruppe ein liebevolles, fruchtbares, harmonisches Verhältnis entstanden ist, wenn man sich einfach mag. Umgekehrt sagen wir: „Da stimmt die Chemie nicht“, wenn eine Beziehung schwierig ist und von negativen Gefühlen geprägt ist. Ist Liebe eine Sache der Chemie?

Demgegenüber spricht der heutige Evangeliumstext vom *Gebot* der Liebe, von Gottesliebe und Nächstenliebe und von der Liebe zu sich selbst.

Mich hat das zu der Überlegung veranlasst: Wie passt das zusammen: einerseits die Zuneigung als eine Sache der Chemie, eine Sache von selbstständig ablaufenden körperlichen Vorgängen – und andererseits Liebe?

Ich denke, wir sollten die biologische, körperliche Seite der Liebe, die „Chemie“ sehr ernst nehmen und nicht vorschnell als unwichtig abtun – und da denke ich einmal noch gar nicht an die erotische Dimension der Liebe. Wir Menschen sind körperliche Wesen; und wir alle wissen genau, was ein Blick mit uns macht, der uns anleuchtet, wie da etwas in uns selbst zum Strahlen kommt, oder ein Händedruck, der in *einem* Augenblick eine bejahende Beziehung herstellt. Was sich in uns abspielt, wenn wir Zuneigung erfahren und geben, sind körperliche Vorgänge, die sogar teilweise chemisch beschreibbar und messbar sind.

Aber bei Weitem nicht bei allen Menschen, die unserer Nächstenliebe anvertraut sind, können wir gleich einmal sagen, „hier stimmt die Chemie“. Wer sich auf Menschen in kritischen Situationen einlässt, wird auch Hilfesuchenden begegnen, die fordernd und aggressiv oder auch gebrochen und verbittert sind, wird auf Menschen treffen, die kein dankbares Lächeln in den Augen haben, wenn ihnen geholfen wird.

Wir werden nicht damit auskommen, auf die biologisch-natürliche Liebeskraft zurückzugreifen. Es muss etwas geben, das die Grenzen unserer Liebesfähigkeit aufzubrechen und zu übersteigen vermag.

Ich sehe in der Gottesliebe, die uns im Evangelium ans Herz gelegt wird, die Kraft, die Sprengkraft, die unsere Liebesfähigkeit immer wieder übersteigen und transzendieren kann. Die Liebe zu Gott meint vielleicht genau auch das: selbst in der vielfach gebrochenen Gestalt Menschen sehen, die von Gott gewollt und geliebt sind; Gott zutrauen, dass er hinter dem verschlossenen, hart gewordenen Gesicht das leuchtende Lächeln sehen kann, das wir nicht sehen können.

Vor diesem Hintergrund lassen sich die Geduld und die Zuversicht aufbringen, die nötig sind, um sich für Menschen einzusetzen, sei es beim Teilen, beim Spenden des Geldes oder direkt beim helfenden Kontakt. Dann können wir uns tragen lassen von dem Charme der Gottesliebe. Dann kann es sein, dass wir in gescheiterten, unvollkommenen Menschen liebenswürdige Söhne und Töchter Gottes erkennen können und dass – wenn auch vielleicht erst auf den 2.Blick – die Chemie doch stimmt.

Wer hat, dem wird gegeben. Ein Gleichnis gegen den Strich gebürstet

Mt 25,14-30/ Lk 19,11-27 (Das Gleichnis vom anvertrauten Geld)

Wer den Spuren Jesu folgen will, versucht besonders *die* Menschen aufmerksam in den Blick zu nehmen, die nicht auf der Erfolgsstraße gelandet sind, die wenig haben und die oftmals ihre ganze Energie aufbringen müssen, um ihr Leben mit sehr Wenigem zu bestreiten. Diesen aufmerksamen und zuwendenden Blick haben wir Christen von Jesus aus unzähligen Beispielen gelernt. Da passt die eben gehörte Geschichte vom anvertrauten Geld so gar nicht dazu. Im Gleichnis werden die gelobt und belohnt, die Geld haben und es vermehren, und es wird der getadelt und bestraft, der wenig hat.

Möglicherweise dürfen und sollen wir das Gleichnis ja gerade umgekehrt, gegen den Strich gebürstet, verstehen. Vielleicht will es uns gerade einen Spiegel vorhalten, einen Spiegel der Gesetzmäßigkeiten unserer Welt, damals wie heute, in der es leider allzu oft so ist, dass dem, der hat, gegeben wird, und dem, der nicht hat, das Wenige genommen wird, das er hat.

Es lohnt sich aber, einen anderen Aspekt in den Vordergrund zu stellen, indem wir uns fragen: Wer bin *ich* denn in dieser Geschichte?

Bin ich derjenige, der 5 Talente erhalten hat?

Oder gehöre ich zu denen, die mit 2 Talenten auch noch recht passabel ausgestattet sind?

Oder bin ich eine von denen, die nichts zum Vermehren übrig haben, die das, was sie haben, zum Überleben brauchen?

Ein Großteil von uns wird sich vermutlich in der glücklichen Lage befinden, sich zur ersten oder zweiten Gruppe zählen zu dürfen. Dann ist es einfach einmal angesagt, dankbar dafür zu sein, Freude darüber und Freude daran zu haben. Es tut gut, einen dankbaren Blick darauf zu werfen, was wir an materiellen Dingen zur Verfügung haben: an Notwendigem, an Angenehmem, an Schönem, und auch das Glück zu kosten, das damit verbunden ist.

Der dankbare Blick kann uns davor bewahren, in den negativen Sog zu geraten, den das Geld, der Besitz, bekannter Weise auch haben können, einen negativen Sog, den Karl Kraus so beschreibt: „Geld ist wie Salzwasser. Man wird immer durstiger, wenn man davon trinkt.“ Dieser unersättliche Durst birgt die Gefahr in sich, Menschen und Gesellschaften zu korrumpieren und zu zerstören.

Der dankbare Blick hingegen ist dem Leben zugewandt, dem eigenen wie dem der anderen. Wer sich in seinem Dasein gesegnet und gut ausgestattet weiß, der gönnt auch anderen ihr Dasein und ihr Auskommen. Geld kann auch positive Kraft entfalten, wenn wir in dieser Weise damit umgehen.

Zu einem solchen Umgang sind wir immer wieder aufgerufen, wenn es gilt, andere Menschen an unserem Wohlstand teilhaben zu lassen.

„Brot“ sagt Bert Brecht, „wird erst dann zum Leben, wenn es geteilt wird.“. Wir können auch sagen: „*Geld* wird erst dann zum Leben, wenn es geteilt wird.“

So verstanden, kann uns das provokante Gleichnis von den anvertrauten Talenten vor die heilsame Frage stellen, wie wir mit dem uns anvertrauten Geld umgehen: ob wir in den Sog des Immer-Mehr geraten oder ob wir im Bewusstsein unseres eigenen Glücks mit anderen unser Glück teilen.

Geh, und verkaufe alles!

Mk 10,17-27 (Reichtum und Nachfolge)

Der Evangeliumstext, der von dem begüterten Mann erzählt, der Jesus nachfolgen will, ist eine starke Provokation. Denn: Habe *ich* alles verkauft und das Geld den Armen gegeben? Bin *ich* denn nicht auch sehr reich, ausgestattet mit einem großen Vermögen, - zumindest, wenn ich meine wirtschaftliche Lage im weltweiten Kontext betrachte? Dazu kann ich nicht einmal mit derselben Sicherheit wie der Mann aus der Bibel behaupten, alle Gebote befolgt zu haben. Bleibt mir also nichts anderes übrig, als traurig wegzugehen und den Wunsch, diesem Jesus zu folgen, an den Nagel zu hängen?

Eines weiß ich: Weggehen möchte ich nicht von diesem Jesus, dessen Botschaft den Menschen Heil gebracht hat, dessen Begleitung und Nähe ich für mein Leben erhoffe und suche.

Die Provokation, die in diesem Text drinnensteckt, lässt sich wohl nicht beseitigen, und sie soll auch nicht überspielt und verharmlost werden, hat sie doch immer wieder Menschen zum entschiedenen Einsatz für Arme und Benachteiligte beflügelt. Denken wir nur an Elisabeth von Thüringen oder Franz von Assisi und auch an Menschen unserer Tage, die radikal der Aufforderung Jesu, alles Geld den Armen zu geben, gefolgt sind!

Beim näheren Hinsehen ist mir eine scheinbar flüchtig dahingesagte Bemerkung wichtig geworden. Es heißt da: "Weil Jesus ihn liebte, sagte er zu ihm ...". Ich denke, hier liegt ein Schlüssel zum Verständnis dieses Evangeliumstextes und der Nachfolge Jesu überhaupt.

Es geht nicht um religiöse Hochleistungen im Sinn von: Wer religiös gut ist, der wird noch besser oder Spitze, wenn er den Armen etwas oder sogar alles gibt. Aber dieses "weil-er-ihn-liebte" lenkt uns darauf hin, einmal innezuhalten und sich dankbar aller geschenkten Liebe zu erinnern und sich dann in den Fluss der Liebe hineinzubegeben:

- Liebe, die ich empfange, weitergeben
- Gutes, das ich erhalten habe, mit anderen teilen
- Fähigkeiten, Gaben, Talente, Kräfte, die ich mitbekommen habe, für andere fruchtbar werden lassen
- in die Geborgenheit und Sicherheit, die ich erfahre, auch andere hineinnehmen

Im Bewusstsein all dessen, was uns geschenkt ist, woran wir reich sind, können wir uns öffnen für andere Menschen, auch für die, die weniger haben. Wenn wir den eigenen geistigen und materiellen Reichtum sehen und wahrnehmen und ihn nicht ängstlich und sorgenvoll für uns bewahren und verschließen, sondern ihn in innerer Freiheit auch weitergeben, dann kann er zum Segen für uns und andere werden.

Jesu Blick auf Fehler und Schuld

Joh 8, 1-11 (Jesus und die Ehebrecherin)

Die Erzählung, wie Jesu auf die ertappte Ehebrecherin trifft, lädt ein, sich die ganze Szene sehr bildhaft vorzustellen: wie die Leute im Kreis herumstehen, die beschuldigte Frau in der Mitte, Jesus – scheinbar unbeteiligt – mit dem Finger Zeichen in die Erde malend.

Ja, mit dem In-die-Mitte-Stellen ist das so eine Sache! Man kann einen Menschen so in die Mitte stellen, wie das die Pharisäer und Schriftgelehrten tun – verächtlich und anklagend, den Fehler und die Schwachstelle des oder der Vorgeführten ins grelle Licht, ins Zentrum rückend. Man kann da so nebenbei das eigene Selbstgefühl hegen: das beruhigende Gefühl, selbst unbescholten und moralisch weit überlegen zu sein.

Jesus selbst hat auch oft Menschen in die Mitte gestellt. Aber wie ganz anders war *seine* Geste! Denken wir nur daran, wie er zum Beispiel einmal ein Kind hergeholt hat, es in die Mitte der Jüngerschaft hineingenommen und dabei als Vorbild und Orientierung hingestellt hat! Welche Aufwertung, welche Wertschätzung! Oder erinnern wir uns an den Mann mit der verdorrten Hand, den Jesus in der Synagoge einmal in die Mitte gebeten hat, um ihn gesund und heil zu machen. Eine gänzlich andere Absicht, ein gänzlich anderes Interesse leitet Jesus, wenn *er* jemanden in die Mitte stellt. In die Mitte stellen – das heißt für Jesus: Leute von draußen, vom Abseits, vom Rand hereinnehmen, aus der Isolation und Ausgrenzung herausführen und sie zum Leben, zur Gemeinschaft ermutigen.

Zugleich ist diese ermutigende Geste auch eine Botschaft für die Umstehenden, für die Jüngerinnen und Jünger, für die Synagogenbesucher: Hat der benachteiligte, der verwundete, der geringgeschätzte Mensch Platz in eurer Runde?

Aber das anprangernde, genüsslich vorführende In-die-Mitte-Stellen, das ist nicht Jesu Sache. Da hält er sich zurück, da schreit er nicht mit, da schreibt er still mit dem Finger auf die Erde.

Nicht, dass er den Fehler, die Schuld wegreden, verharmlosen und beschönigen würde! Jesu Botschaft an die Ehebrecherin ist nicht: "Es ist egal, wie du lebst", aber er legt sie nicht auf ihr Fehlverhalten fest, sondern lässt ihre Würde als Mensch bestehen und gibt ihr die Chance der Lebensveränderung: "Geh und sündige von jetzt an nicht mehr!".

Im Grunde ist *caritas* genau das: dass wir dem Blick Jesu folgen, ihn uns ein Stück weit aneignen und Menschen, die draußen sind, Platz machen in unserer Mitte und ihnen auch dann den Respekt vor ihrer persönlichen Würde nicht entziehen, wenn sie schuldig geworden sind.

Wenn wir aufmerksam um uns schauen, werden wir solche Menschen wahrnehmen. Wir werden Menschen sehen, die sich finanziell verschuldet haben. Wir werden Menschen sehen, die nach einer Trennung oder Scheidung vom Ehepartner/ von der Ehepartnerin den Halt verloren haben und in den Sog des sozialen Abstiegs geraten sind. Wir werden obdachlose Menschen sehen, die nichts mehr von der Gesellschaft, aber auch nichts mehr von sich selbst erwarten. Wir werden Haftentlassene sehen, die verlernt haben, den Alltag selbstständig und verlässlich zu gestalten.

Wenn Jesus auf Menschen trifft, die "Mist gebaut" haben, geht es nicht ums Verurteilen, sondern um die Chance des Neuanfangs, um die Chance zur Veränderung, um das Ermöglichen neuer Perspektiven.

Dass das eine tägliche Herausforderung ist, das wissen all jene, die in ihrer beruflichen Tätigkeit mit solchen Menschen und Schicksalen zu tun haben, und das erfahren auch wir, wenn wir in unserem persönlichen Umfeld mit einer solchen Situation konfrontiert sind.

Der rote Faden im Leben

Lk 10,38-42 (Marta und Maria)

Wenn man Menschen fragt nach den brennendsten Problemen, die ihr Leben und das ihrer Mitmenschen gegenwärtig am meisten belasten, kommt bei vielen sehr schnell das Gefühl der Überforderung zur Sprache: das hohe Tempo, die Fülle an Anforderungen, der allgegenwärtige Druck dranzubleiben, die Notwendigkeit reibungslos zu funktionieren – im Berufsleben, im Familienleben, als Konsument, im Haushalt, als Staatsbürgerin, im ehrenamtlichen Engagement, im Verein, als Verkehrsteilnehmerin, als Zukunftsvorsorger, als Geldanlegerin, als User von Internet und anderen Informationstechnologien ...

Eine Grundbefindlichkeit macht sich zunehmend breit: angestopft, eingedeckt, eingeengt zu sein, ständig bedroht vom eigenen Versagen – und das alles bei scheinbar immer mehr Freizeit, Freiheit und beinahe unbegrenzten Möglichkeiten.

Diese Grundbefindlichkeit basiert auf einer Gesellschaft, in der sich verbindliche Lebensgestaltungsmuster immer mehr auflösen; daher werden an den einzelnen immer mehr Erwartungen gerichtet, sich doch selbst sein individuelles Leben passend einzurichten, nach dem Motto: „Jeder ist seines Glückes Schmied“ oder „Wer‘s nicht schafft, ist halt einfach zu blöd.“ Eine solche Gesellschaft, welche die Latte für gelingendes Leben so hoch legt, produziert eine sehr hohe Ausfallsrate: Es gibt in vermehrtem Maß Menschen, die da nicht mitkommen, die kapitulieren, die hinauskatapultiert werden.

Da wundert es kaum mehr, dass Ärzte und andere sozialmedizinische Institutionen ein Anwachsen von psychischen Erkrankungen feststellen: Depressionen, Phobien, Realitätsverweigerungen verschiedenster Art.

„Raus bist du“ - Kinder, die „draußen“ stehen

Mk 9,33-37/ Mt 18,1-5/ Lk 9,46-48 (Jesus stellt ein Kind in die Mitte)

Vielleicht kennen Sie den Auszählreim: „Ene mene mu und raus bist du“. Im Spiel ist das „Raus-bist-du“ keine große Misere, in der Wirklichkeit hingegen schon. Es tut weh, draußen zu sein, besonders, wenn Kinder betroffen sind.

Im Gegensatz dazu erzählt die Evangeliumsstelle, wie Jesus ein Kind in die Arme nimmt und es in die Mitte stellt. Nicht „*raus* bist du“ ist seine Botschaft an das Kind, sondern „*in* bist du, - in der Mitte sollst du stehen.“

Ich frage mich: Wie schaut das in unserer Gesellschaft, in unserer Erfahrungswelt aus? Was ist unsere Botschaft an die Kinder?

Aufs erste Hinsehen stehen in unserer Gesellschaft die Kinder auf jeden Fall in der Mitte. Dreht sich nicht sowieso alles um die Kinder?

Kinder werden umworben, es wird ihnen vieles geboten – an Ausbildung, an Freizeitmöglichkeiten, an materiellen Dingen, von Schleckereien bis zu technischen Geräten und Sportartikeln – Kinder dürfen fast alles, sie sollen sich entfalten können, man setzt ihnen weniger Grenzen als früher, sie strahlen von Werbeplakaten, mit ihnen kann man „Staat machen“ und Quoten erreichen.

Doch es gibt auch eine andere, eine meist verborgene Seite von Kindsein.

Folgen wir dem Beispiel Jesu und lassen wir im Geist Kinder in die Mitte treten, Kinder und Jugendliche, die nicht von vornherein im Mittelpunkt des allgemeinen Interesses stehen und die nicht unbekümmert ihrer Zukunft entgegengehen:

- Da tritt eines der ca. 87 000 österreichischen Kinder in die Mitte, die unter der Armutsgrenze leben müssen und die auch dem enormen Druck ausgesetzt sind, den Armut erzeugt. Es erzählt vielleicht, dass es sich daheim gar nicht zu sagen getraut, wenn es für die Schule einen größeren Geldbetrag braucht; um keinen Preis würde es das aber vor den KlassenkollegInnen zugeben. Es erzählt, wie minderwertig es sich vorkommt, weil es nicht die Markenkleidung tragen kann, die die andern tragen, wie benachteiligt es sich fühlt, weil es in seiner Freizeit nicht dasselbe machen kann wie die andern, denn das würde zu viel Geld kosten. Viele Kinder schämen sich – ihrer selbst und ihrer Familie. Manche ziehen sich resigniert zurück, verschließen sich, suchen Zuflucht in einer virtuellen Welt, manche reagieren mit Aggression und schlagen wild um sich. Im Jugendalter ist der vermeintliche Ausweg häufig der Gang zum Kreditinstitut. Nicht selten beginnt da eine Schuldner-Karriere.

- Unserer Einladung, in die Mitte zu treten, folgen dann eine große Schar Jugendlicher, die schon zum 20. Mal abgeblitzt sind bei der Lehrstellensuche. Ihre Fähigkeiten und Interessen sind derzeit einfach nicht gefragt oder sie können nur schwache schulische Leistungen vorweisen. Manche haben eine körperliche Behinderung oder ein psychisches Handicap zu tragen, das ihnen das Gefühl gibt, den Anforderungen der Berufswelt nicht gewachsen zu sein. Es ist schwer, als Hypothek für den Lebensweg gleich einmal die Erfahrung mitzubekommen, nicht gebraucht, unnütz und überflüssig zu sein.
- Lassen wir nun auch Kinder in die Mitte treten, die ihr familiäres Zuhause sehr belastend erleben. Armut und dauernde Geldknappheit können zu einer unerträglichen Anspannung führen. Viele von Armut betroffene Kinder leben in Familien mit vielen Geschwistern oder in Familien mit nur einem Elternteil. Oft hat diese allein erziehende Person eine schwierige Geschichte hinter sich, kommt mit sich selbst schwer zurecht und kommt auch finanziell schwer über die Runden, weil Betreuungspflichten und volle Berufstätigkeit kaum vereinbar sind. Besonders belastend erleben Kinder ihr Zuhause, wenn Alkoholprobleme, Medikamentenabhängigkeit oder andere Suchtprobleme im Spiel sind.

Es gibt sie also auch in unserem Land, die Kinder, die arm sind, die nicht nur strahlen und glücklich sind. Sie zeigen uns oft ein verschlossenes, verzagtes, trotziges oder provokantes Gesicht.

Benachteiligte Mädchen und Buben brauchen Unterstützung, oft braucht es auch die Beratung und Begleitung der ganzen Familie.

Genauso wichtig scheint mir aber auch zu sein, dass wir dieser oft verborgenen Armut von jungen Menschen einen wachsamen Blick schenken, wo immer sie uns begegnet: in der Pfarre, in der Schule, in der Nachbarschaft oder sonst irgendwo auf unserem Weg.

Alter und Pflege

Lk 15,3-10
(Die Gleichnisse vom verlorenen Schaf und von der verlorenen Drachme)

Es sind zwei wunderbare Gleichnisse, die 2 erzählten Bilder, die wir eben im Evangelium gehört haben: der Hirte, der voll sorgender Liebe sein verloren gegangenes Schaf sucht, und die Frau, die das ganze Haus auf den Kopf stellt, um ihr wertvolles Geldstück wieder zu finden.

Ich habe einmal ausprobiert, die Gleichnisse so zu verstehen, dass ich die verlorenen Dinge *in uns selber* sehe: die verlorenen Hoffnungen, die enttäuschten Lebenserwartungen, die versickerte Liebe, die verlorene Leichtigkeit und Heiterkeit, all die abgestorbenen Lebensfasern. Ja, es gibt Phasen des Lebens, da kann man den Eindruck haben, sich selbst zu verlieren. Wenn ich mir vorstelle, dass Gottes liebender Blick und nachgehende Sorge auch diesen Teilen unseres Lebens gilt, gehen mir die beiden Gleichnisse sehr nahe.

Eine oft erhobene gesellschaftliche Forderung heißt „Altern in Würde“. Mit dem Alter sind zwei Gruppen von Menschen konfrontiert: solche, die selber alt sind, und solche, die als Angehörige einen alten oder kranken Menschen pflegen und betreuen. Diesen Personengruppen soll gilt besondere Aufmerksamkeit zukommen, ihnen gilt unser Respekt vor dem, was Tag für Tag auf ihnen lastet. Zu den Gleichnissen vom Verlorenen haben wohl gerade sie viele Erfahrungen einzubringen: Alte Menschen haben meist ein Stück ihrer Gesundheit und Beweglichkeit verloren. Zusätzlich geht – notgedrungen - das Zutrauen verloren, dass alles wieder gut wird. Viele haben auch die Möglichkeit verloren, über sich selbst zu bestimmen und zu verfügen.

Auch Pflegende und Betreuende haben Verluste zu ertragen: Sie haben meist eine gute Portion Freiheit verloren, über ihre Zeit zu verfügen. Manche haben durch die Pflege die ungestörte Nachtruhe verloren. Manche haben vielleicht auch den unversehrten Glauben an sich selbst verloren, weil sie an die Grenzen ihrer Nerven, ihrer Geduld, ihrer Liebesfähigkeit gestoßen sind.

Ihnen möchte ich besonders die beiden Gleichnisse ans Herz legen mit der Zusage Gottes: Ich suche dich und gehe dir nach auch dorthin, wo etwas verloren gegangen ist in dir. Auch mit all deinen Grenzen, deinen Verlorenheiten und deiner Schwachheit bist du mir unheimlich wertvoll.

Ich möchte Ihnen noch eine kleine jüdische Geschichte mitgeben. Auch in dieser Geschichte geht´s um die eigenen Grenzen und die Wunden, die das Leben schlägt. Sie rankt sich um den erwarteten Messias und zeigt uns, wie er mit den eigenen Grenzen so umgeht, dass sie ihn nicht untauglich machen für seine Aufgabe:

Rabbi Josua trifft den Propheten Elija und fragt ihn: „Wo finde ich den Messias?“ Elija antwortet: „Er sitzt unter den Armen am Tor der Stadt, mit Wunden bedeckt. Die andern binden ihre Wunden alle zugleich auf und nachher verbinden sie sie wieder. Den Messias erkennst du daran, dass er immer nur eine Wunde aufbindet und sie anschließend sofort wieder verbindet, denn er sagt sich: Vielleicht werde ich gebraucht, dann muss ich bereit sein.“

Das Überraschende an der Geschichte ist, dass der Messias nicht drübersteht, nicht herumeilt und überall heilt und hilft, sondern dass er selbst auch angefochten ist und seine Wunden hat. Der Unterschied zu anderen besteht darin, dass er seine Schmerzen, seine Begrenztheit dosiert handhabt, um noch Zeit und Aufmerksamkeit übrig zu haben für die Wunden der andern.

Das hier gezeichnete Bild des Messias kann hilfreich sein für die Situation als pflegende Angehörige. Auch sie stehen genau so, wie der Messias in der Geschichte, nicht unangefochten drüber, sondern tragen selbst auch Wunden, erleben Grenzen und Bedürftigkeit. Bei aller Bereitschaft, sich um die pflegebedürftige Person zu kümmern, müssen sie doch mit ihrer eigenen Begrenztheit und Bedürftigkeit bewusst umgehen und auch für sich sorgen.

Das kann heißen, mit gutem Gewissen eine Unterstützung, eine Auszeit, eine Hilfe zu organisieren. Es kann heißen, bei einer Person des Vertrauens auch einmal zu klagen und Dampf abzulassen, um wieder mehr Luft zu bekommen, oder überfordernde Erwartungen auch einmal zu enttäuschen ...

Für die anderen, die nicht oder noch nicht so direkt mit dem Alter konfrontiert sind, für die Pfarren, für die Gesellschaft insgesamt kann es heißen, alten, gebrechlichen Menschen in ihrer Würde zu begegnen und zugleich denen Respekt und Achtung entgegenzubringen, die sie pflegen. Das kann sich so äußern, dass man nicht nur die alten und kranken Menschen, sondern auch die betreuenden Personen fragt, wie es *ihnen* denn geht, damit sie sich in ihrem ganzen Menschsein, mit ihren Freuden und Energien, aber auch mit ihren Verlorenheiten und Grenzen ernst genommen fühlen können.
Vielleicht können so alte Menschen genauso wie betreuende Angehörige ein Stück weit die Erfahrung machen, dass sie wie das Schaf und die Drachme in den biblischen Gleichnissen nicht sich selbst überlassen werden, sondern dass sie mit sorgsamer Aufmerksamkeit gesucht und geschätzt werden.

Impulse aus dem Alten Testament

Wer rettet aus Mangel und Bedrängnis?

Ex 16,2-4.12-15 (Das Volk Israel in der Wüste)

Die Lesung lässt uns einen Blick auf das Volk Israel werfen, das sich nach dem Auszug aus Ägypten auf dem Weg durch die Wüste befindet. Wir sind vielleicht geneigt, über das Verhalten der Israeliten, über das Murren und Klagen innerlich ein wenig die Nase zu rümpfen – über die Sehnsucht nach den Fleischtöpfen in Ägypten und über den bröckelnden Glauben an Jahwes Führung und Schutz. Aber wenn wir uns ihre Situation vor Augen führen, wird ihr Murren sehr verständlich: Menschen und Tiere mit Sack und Pack unterwegs durch die Wüste - und die Nahrung geht aus! Mütter und Väter bangen um das Überleben ihrer Kinder; für alte und kranke Menschen kann der Mangel den Tod bedeuten; die Ungewissheit „Was wird aus uns werden?" hält die ganze Sippe im Würgegriff und lässt Angst und Verzweiflung um sich greifen.

Jahwe aber, der Gott, auf dessen Geheiß sie den Aufbruch gewagt haben, nimmt sich der Not leidenden Menschen an und lässt ihnen auf wunderbare Weise Nahrung zukommen.

Ob es für dieses Wunder eine natürliche Erklärung gibt oder nicht, ist zweitrangig. Ein Wunder ist es für verzweifelte Menschen allemal, wenn ihr Hilferuf, ihr Murren, gehört wird und Rettung aus akuter Not erfahrbar wird. Wunder sind auch für viele Menschen heute nötig, besonders in den südlichen Kontinenten unserer Erde, weil in vielen Gebieten Wasser- und Nahrungsmittelmangel das Leben bedroht. Hier spielen sich heute ähnliche Dramen ab, wie sie in der Erzählung vom hungernden und dürstenden Volk Israel beschrieben werden.

Was – wenn Gott auch uns für solche Wunder einspannen und uns zu Hilfe nehmen will? Wenn er auf uns baut und uns ruft, gemeinsam Wunder zu wirken?

Wunder können auch in ganz unspektakulärer und unscheinbarer Weise in Erscheinung treten, etwa wenn Flüchtlinge, denen es am Nötigsten fehlt, Ziegen als Basisversorgung für ihre Familien zur Verfügung gestellt bekommen. Oder wenn einfache Methoden verbreitet werden, wie der Boden vor Versteppung beschützt werden kann. Für viele betroffene Menschen sind diese Unterstützungen Wunder, sie führen aus einer ausweglos scheinenden Situation heraus und geben Nahrung und Lebensunterhalt.

Ein Engel, der anrührt und ermutigt

1Kön 19,4-8 (Elija in der Wüste)

Elija ist am Ende. Niedergeschlagen, desillusioniert von sich und der Welt will er alles hinwerfen: seinen Auftrag, seine Hoffnungen, seine Überzeugungen. Es lohnt sich nicht mehr zu kämpfen, ja, es lohnt sich nicht einmal mehr zu leben. Ein Engel muss kommen, um ihn aus dieser tiefen Niedergeschlagenheit herauszuholen.

Durch den Engel erfährt Elija ganz Einfaches, aber doch elementar Entscheidendes:

- Er wird angerührt, etwas erreicht ihn im Innersten seiner Seele.
- Er wird angesprochen, er ist gemeint; ein Auftrag, eine Zu-mut-ung trifft ihn.
- Die Zumutung heißt aufstehen, neu beginnen, der Schwerkraft trotzen, sich erheben, den Kopf nicht in den Boden zu vergraben, sondern zum Himmel zu richten.
- Zu all dem wird ihm Nährendes gereicht, Brot und Wasser, das Lebensnotwendigste.
- Er bekommt eine zweite Chance, es braucht einen zweiten Anlauf, bis er Kraft genug hat aufzustehen und weiter zu wandern.

Wir können uns in einer doppelten Weise von dieser Geschichte betreffen lassen.
Einerseits kennen wir die Erfahrung der Niedergeschlagenheit. – Vielleicht nicht ganz so dramatisch wie bei Elija, aber doch in jeweils eigenen Facetten. Andererseits kommt uns manchmal die Rolle des Engels zu, der in einer ausweglos scheinenden Situation anrührt, zuspricht, zu-mut-et und Nahrung reicht. Und das vielleicht nicht nur einmal, sondern zweimal und öfter. Wenn wir an hungernde, ausgeblutete, vom Alltagskampf erschöpfte Menschen denken und ihnen auch in Form von Geldspenden Hilfe zukommen lassen, dann sind wir so etwas wie Engel, die über Tausende Kilometer hinweg anrühren, Nahrung und Trank reichen und zu neuem Lebensmut ermuntern.

Aufeinander verwiesen – füreinander dankbar

Gen 2,18-24 (Die Erschaffung von Mann und Frau)

Es ist ein brisanter Text, den wir in der Lesung gehört haben: die Erschaffung der Frau aus der Seite, der Rippe des Mannes. Diese Erzählung hat im Lauf ihrer fast 3000-jährigen Geschichte viel Aufmerksamkeit erfahren: Die Szenerie ist gemalt und be-dichtet worden; sie ist die Grundlage so mancher Witze, G'stanzln und Schnaderhüpfel; sie ist vielfach mit der Absicht herangezogen worden, die grundsätzliche Überlegenheit des Mannes und die Nachrangigkeit der Frau zu belegen; sie hat über die theologisch-wissenschaftliche Diskussion hinaus Gemüter erhitzt und zur Auseinandersetzung Anlass gegeben.

Was der Text aber auf jeden Fall ist: ein uralter, mythischer Niederschlag einer der fundamentalsten menschlichen Erfahrungen überhaupt, dass Menschsein immer Frau- und Mannsein bedeutet. Wir sind nicht ein neutrales Menschenwesen, (*der Name dieses Menschenwesens 'adam könnte mit*

„Erdling“ wiedergegeben werden, denn er spielt auf die rötliche Ackererde - 'adama - an), sondern wir sind Frau oder Mann.

Überdies ist der Mythos überzeugt, dass diese zweifache Ausformung des Menschseins etwas zutiefst Befriedigendes, zutiefst Hilfreiches, dem Menschen Gemäßes ist. Denn in der Erzählung wird das Menschenwesen trotz der Fülle der Schöpfung zunächst als einsam geschildert, ihm fehlt ein Gegenüber, ein Du auf gleicher Augenhöhe. Deswegen teilt Gott das Menschenwesen und gibt dem Rest des Menschenwesens, das nun „Mann“ genannt wird, die Frau, die er aus der Rippe geformt hat.

Damit erfährt das Menschenwesen Adam die Hilfe, nach der es sich gesehnt hat: Beziehung, ein Sich-Finden im andern, die Resonanz im ebenbürtigen Gegenüber, das ihm ermöglicht, sich selbst zu erspüren, und Neugier erweckt nach dem, was anders ist.

In dieser uralten Erzählung ist in poetisch-mythologischer Weise dargestellt, was auch die moderne Psychologie als eine menschliche Grundkonstitution sieht, dass Menschen nur durch Menschen zu Menschen werden.

So gesehen liest sich die Erzählung von der Erschaffung von Mann und Frau auch als Urgeschichte der Beziehungsbedürftigkeit der Menschen, ihrer Sehnsucht nach Verbundenheit und Ergänzung im Gegenüber.

Wir wissen alle, dass diese menschliche Anlage auf Beziehung hin nicht nur mit Freude und Erfüllung verbunden ist. Wir kennen genauso gut die Abgründe, die schmerzvolle, oft grausame Seite von menschlichen Beziehungen, die sich in der – ebenfalls uralten – Erkenntnis artikuliert: Der Mensch ist dem Menschen ein Wolf (*homo homini lupus*). Und wir müssen uns eingestehen, dass vieles in unserem gesellschaftlichen Leben und in unserem persönlichen Erleben dieser Erkenntnis Recht gibt.

Tut es da nicht gut, sich in Erinnerung zu rufen, wie Gottes Schöpferkraft unsere menschliche Verwiesenheit aufeinander ursprünglich gemeint hat? Steht es uns nicht gut an, dann und wann einen aufmerksamen Blick auf unser Beziehungsnetz zu werfen, auf die Menschen, mit denen wir verbunden sind:

- auf die Menschen in räumlicher Nähe und die, die weit weg sind;
- auf die Verbindungen aus der Vergangenheit und die gegenwärtigen;
- auf die engen und die losen Beziehungsfäden;
- auf die Menschen, bei denen uns warm ums Herz wird, wenn wir an sie denken, und die, die unser Herz hart werden lassen.

Bei manchen Menschen fällt es uns leicht, dankbar zu sein, dass wir mit ihnen in Verbindung stehen. Denken wir in großer Andacht und Dankbarkeit an sie und freuen wir uns über sie!

.....

Mit manchen Menschen, die in unser Leben getreten sind, haben wir eine sehr wechselvolle Geschichte; wohltuende Erfahrungen sind verwoben mit Verletzungen und Konflikten. Dankbar können wir feststellen: Sie gehören zu uns und wir zu ihnen. Sie machen unser Leben reicher, fordern uns heraus und stacheln unsere Entwicklung an.

.....

Und dann gibt es auch die Menschen, mit denen wir gar nicht zurecht kommen. Wie sollen wir für sie dankbar sein, wenn Ablehnung und Kälte, Wut und Aggression zwischen uns stehen?

.....

Vielleicht bringen wir die Bescheidenheit auf, es Gottes Blick zu überlassen, das Gute und Ganze an ihnen zu sehen, das uns selbst verborgen ist.

Zum Beispiel Elisabeth

Die Sprengkraft der Liebe

1 Kor 13,1-7 (Das Hohelied der Liebe)
Lk 6,27-38 (Von der Feindesliebe)

Nach den beiden biblischen Texten von der Liebe fällt es mir schwer, ja, kommt es mir fast vermessen vor, noch über *caritas*, also über die Liebe, predigen zu wollen. Da steht eigentlich alles drin, und die gehörten Worte sind uns so weit voraus, dass sie Programm für ein ganzes Menschenleben und darüber hinaus beinhalten: die Liebe, die alles erträgt und nichts Böses nachträgt, das Geben, das keine Gegengabe erwartet, die Liebe, die vor niemandem Halt macht, nicht einmal vor denen, die einen kränken, hintergehen und verletzen. Vielleicht wäre es das beste, diese Worte einfach nur still und demütig wieder und wieder auf sich wirken zu lassen.

Aber eine Predigt ist nun einmal nicht zum still Dastehen da, sondern dazu, die biblischen Impulse mit unserem Leben, mit unserem Alltag, mit unseren Erfahrungen zu verknüpfen.

Bei diesem Unterfangen drängt sich gerade am heutigen Tag eine Person ins Bewusstsein, die die Worte vom überschwänglichen Geben und von der vorbehaltlosen Liebe sehr radikal umgesetzt hat, nämlich Elisabeth von Thüringen, die Caritas-Patronin, die vor ungefähr 800 Jahren gelebt hat. An ihrem Leben wird allerdings auch deutlich, wie schnell ein radikales, grenzenloses Verständnis von Liebe mit der Logik unserer Wirklichkeit in Widerspruch gerät.

Oder was würden wir heute sagen, wenn eine 19-jährige Politikersgattin, wie sie Elisabeth war, bei einer Hungersnot nicht nur alles Getreide aus den Kornspeichern verschenken würde, sondern das Saatgut für das kommende Jahr auch gleich mit? Oder wie würden wir reagieren, wenn eine junge Mutter ihre drei kleinen Kinder verlässt, um selbst nach den Idealen des hl. Franz von Assisi mit den Armen in Armut zu leben? Oder wie würden wir eine Frau beurteilen, die sich in der Krankenpflege dermaßen verausgabt, dass sie mit 24 Jahren entkräftet stirbt?

Vielleicht geht es Ihnen wie mir: So eine kompromisslose Haltung ist bewundernswert und schockierend zugleich, ist ehrfurchtgebietend und unvernünftig, ja, unverantwortlich in einem. Es wird eine Spannung spürbar: Da ist auf der einen Seite die radikale, unbedingte Nächstenliebe, wie Elisabeth sie gelebt hat und wie sie auch in den biblischen Texten beschrieben wird, und auf der anderen Seite die abgewogene, dosierte Nächstenliebe, die in der Realität eher lebbar erscheint, weil sie nicht bis zur Selbstaufgabe führt.

Bei den organisierten Formen der Hilfe und der Nächstenliebe wird zweifellos die Logik der Vernunft, der Verantwortung, der Professionalität und der Berechenbarkeit die Oberhand haben. Sozialarbeiter werden nicht im Überschwang der Anteilnahme Geld verteilen, ohne an das Morgen zu denken. Pflegerinnen werden ihren Dienst auch bei der Caritas nicht bis zum Umfallen tun, sondern nur als bezahlten und dauerhaft lebbaren Beruf anbieten können. Spendengelder werden nicht ohne gut durchdachte, verbindliche Regelungen ausgegeben werden können.

Dennoch bleibt da ein Stachel und ein Zug auf einen größeren Horizont der Liebe hin, der Christen und christliche Organisationen immer wieder bewegt und bewegen soll, das berechnete Maß und das schmale Gefäß ihrer Liebe aufzusprengen – hin zu Menschen, bei denen nichts zu holen ist: kein Geschäft, keine Gegenleistung, kein Dank, kein Renommee. Ziel- und Richtpunkt bleibt die Liebe, die anderen Gutes tut und Gutes will, ob sie es erwidern oder nicht und ob sie es verdienen oder nicht. Unser Part ist es, im je größeren Horizonts der Liebe das uns Mögliche zu tun und unsere eigenen Grenzen immer wieder zu überschreiten.

Barmherzig - gerecht - nachhaltig

Stellen wir heute *caritas* in den Mittelpunkt unseres Feierns: *caritas,* - Menschenliebe, die sorgende Aufmerksamkeit für leidende, niedergedrückte Menschen, wie wir Christen das in beispielloser und unvergesslicher Weise von Jesus Christus vorgelebt bekommen haben. Konkret äußert sich diese Liebe im **Helfen**, im Einander-Unterstützen, Füreinander-Sorgen. Und das ist gar nicht so einfach, ja, es ist geradezu eine Kunst.

Drei Grundhaltungen sind es, die dieses Helfen ausmachen, die zusammenspielen und ausbalanciert werden sollen.

Da ist zuerst einmal die **Barmherzigkeit**.

Damit beginnt alles: Das **Herz** rührt sich, springt an. Es ist an-gerührt, wenn man jemanden in einer leidvollen Situation sieht. womöglich verspürt man sogar so etwas wie einen Stich in der Herzgegend. Man kann nicht einfach vorbeigehen und tun, als ob nichts wäre. Es lässt einen nicht kalt. Wahrscheinlich kennen wir alle solche Herzensbewegungen.

In unserer christlichen Tradition haben wir viele heilige Männer und Frauen, die darin ganz stark waren. Denken wir nur an den hl. Martin. Er hat im aufwallenden Mitleid seinen Mantel entzwei geschnitten, als er einem frierenden Bettler begegnet ist. Oder denken wir an die Heilige, die mit *caritas* besonders verbunden wird, Elisabeth von Thüringen: Ihr Herz hat sich zusammengekrampft, als sie gesehen hat, wie draußen vor ihrer Burg die Menschen krank und elend dahinvegetiert haben. Ihnen hat sie Brot hinausgebracht, Brot – so erzählt´s die bekannte Legende –, das sich in einem entscheidenden Moment in Rosen verwandelt hat.

Barmherzigkeit – das ist die Stimme des Herzens, der Anteilnahme, der heilvollen Begegnung und sehr oft der Impuls für konkrete Taten. Sie ist aber auch dann noch da und wirksam, wenn es nichts mehr zu tun gibt, wenn sich nichts mehr *machen* lässt, wenn es nur mehr gilt, das Leid eines Menschen still mit-auszuhalten. Diese Stimme des Herzens ist es auch, die uns zur Fürbitte drängt, die uns bewegt, dort, wo wir an die Grenzen unseres Tuns kommen, leidende Menschen fürbittend Gott hinzuhalten.

Die zweite Haltung, die mir in den Sinn kommt, wenn ich über das Helfen nachdenke, ist die **Suche, die Sehnsucht nach Gerechtigkeit.** Während die Barmherzigkeit meistens den unmittelbaren Kontakt mit dem Not leidenden Menschen zum Ausgangspunkt hat, fragt die Gerechtigkeit: Und was ist mit den vielen anderen Menschen, die auch in einer erbärmlichen Lage sind, denen aber keiner hilft? Wie kommt es überhaupt dazu, dass Menschen in so eine erbärmliche Lage kommen? Die Suche nach Gerechtigkeit versucht herauszufinden, welche Ursachen Not und Leid haben und wie die politischen und strukturellen Weichen gestellt werden müssen, damit vermeidbares Leid und Unheil bekämpft werden können. Dass das kein einfaches Unterfangen ist, ist klar. Vieles ist dazu nötig: ein prophetischer Blick, oftmals auch ein provokantes Wort und vor allem ein ständiger Dialog mit vielen wachen und lauteren Menschen, damit das Krankmachende, Ausgrenzende und Leidbringende einer Gesellschaft diagnostiziert und angegangen werden kann.
In unserer jüdisch-christlichen Geschichte hat die Suche und die Sehnsucht nach Gerechtigkeit einen hohen Stellenwert – und einen Namen: die Vision vom Reich Gottes.

Wir kennen die Richtung weisenden und provokanten Worte vieler alttestamentlicher Propheten. Sie haben die Schwachstellen ihrer Zeit und ihrer Gesellschaft beim Namen genannt. Ich möchte aber auch hier wieder an die Caritas-Patronin, die hl. Elisabeth, erinnern, die den Grund für die Armut und das Leid im damaligen Gesellschaftssystem erkannt hat – hier der Adelsstand, da die Leibeigenen und Besitzlosen. Sie hat die Kluft zwar nicht aufheben können, hat aber in persönlicher Konsequenz freiwillig die Burg – und damit alle Privilegien ihres Standes – verlassen. Die Suche nach Gerechtigkeit, nach einer gerechten Verteilung von Gütern und Lebenschancen, bleibt als Herausforderung über die Jahrhunderte hinweg bestehen und ist eine dauernde Arbeit am Reich Gottes.

Armut mag heute ein anderes Gesicht haben als zu Elisabeths Zeiten, aber es gibt sie auch heute: in Obdachlosen- und Flüchtlingshäusern, bei Alleinerziehenden, bei gesundheitlichen Einbrüchen und Arbeitsplatzverlust, die zu Existenzkrisen führen.

Auch die Hoffnungslosigkeit, gegen die Elisabeth angekämpft hat, ist uns nicht fremd. Wir erleben sie dort, wo jemand sagt: "Gegen soziale Not kann man sowieso nichts machen, bestimmen tun nur die da oben." Hoffnungslosigkeit zeigt sich auch dort, wo es üblich wird, nur nach dem Gesetz der Rentabilität und er Berechnung zu handeln, wo vor jedem Hinsehen die Frage auftaucht: "Was bringt mir das?" Sie zeigt sich, wo die Angst regiert, zu kurz zu kommen, und wo Menschen nicht als Schwestern und Brüder sondern nur mehr als Konkurrenten gesehen werden, die das Vorwärtskommen bedrohen.

Gegen diese Hoffnungslosigkeit und Resignation, gegen ein ängstliches und eingeengtes Konkurrenzdenken können gerade wir Christen Zeichen setzen, weil wir uns von einer größeren Hoffnung und von einer größeren Liebe getragen wissen, die uns befreit zu uns selbst und zu einer angstfreien Mitmenschlichkeit.

Verzeichnis der Schriftstellen

Altes Testament

Neues Testament

MIX
Papier aus verantwortungsvollen Quellen
Paper from responsible sources
FSC® C105338

FSC
www.fsc.org

Printed by Books on Demand GmbH, Norderstedt / Germany